Edizioni R.E.I. France

Sara Albanese

Alzate le dosi

ISBN 978-2-37297-3397

Copyright: Sara Albanese
Pubblicazione e stampa: 20 febbraio 2018
Disponibile anche in formato digitale (ebook)
ISBN: 978-2-37297-3397
Edizioni R.E.I. France
www.edizionirei.webnode.com
edizionirei@outlook.com
Sara Albanese

ALZATE LE DOSI

Edizioni R.E.I. France

Indice

A chi resta

Intro

E mescolo i miei tabù
Come tessere di un puzzle,
Accosto sfumature identiche
Per vedere se posso incastrare due fobie
E dar loro un aggancio alla vita.
Ma non ci sono solidi bordi su cui far conto,
Non ci sono disegni sensati a spiegare i profili.

Restano frammenti di colpe
che non si agganciano ad accoglienze
concave di perdoni.
Restano tessere bucate di paura
che non completano forme
convesse di coraggio.
Mi fermo.

Mescolo ancora una volta i miei tabù,
Li sconvolgo,
Li rovescio,
Li ammucchio,
Li strapazzo senza pietà pur sapendo
Che rovinando la loro forma
non esisterà più alcun incastro.

E mi sento più libera.
Mi riempio le mani di tessere e le lascio cadere,
scivolare tra le dita e atterrare
di faccia di spalle
di testa di sedere
di pancia di lato
di piedi di anima.

Ora sono loro a creare monchi incastri,
Ed io scaglio il mio palmo su di essi.
Si separano, si rovinano...
No, non esisteranno più agganci
per loro.
Più nessun aggancio.

Mescolo i miei tabù,
Perdo qualche tessera forse.
Non esiste più l'intenzione di trovare
Una forma coerente per spiegare l'angoscia.
Ma ora smetto di cercarla.
Mescolo selvaggiamente i miei tabù
E rido.

Sara Albanese

1.

Buongiorno dottore,

ho scelto di parlarle, invece di scriverle una lettera, essenzialmente per quattro ragioni che ora decido di confidarle perché, se le tacessi, cadrebbe in fondo il senso di questo mio discorso.

La prima consiste nel fatto che, se avessi dovuto approcciarmi a lei in via epistolare, avrei dovuto iniziare, come educazione comanda, con una formula del tipo "Egregio Dottore", ma sappiamo entrambi che l'appellativo significa "*eccellente, oppure degno di stima e di memoria*", ed io non mi sento proprio aprioristicamente di assegnarle un tributo tanto sconsiderato. Questo ci porta alla seconda ragione della mia scelta: se avessi scritto, avrei dovuto necessariamente utilizzare la lettera maiuscola per ogni pronome che le si riferisse, e il maiuscolo è una cosa seria. Non si scherza con il maiuscolo. La grammatica ci insegna che è dovuto soltanto ai nomi propri per un imperativo civile di rispettoso vivere sociale... insomma non possiamo scrivere con la lettera minuscola neppure il nome del più spregevole criminale o del più efferato dittatore... verrà comunque considerato un errore, anche se in fondo sarebbe una magra e sottile rivincita poter togliere la lettera maiuscola dalle generalità di uno stupratore, di un pedofilo o di un crudele sanguinario. Credo sarebbe molto soddisfacente poter scrivere *adolf hitler*, ma non possiamo, tanto più se teniamo in considerazione che i tedeschi usano il maiuscolo per convenzione grammaticale anche per i sostantivi, i nomi comuni, quindi tutto sommato noi possiamo rassegnarci ad usarlo per i viventi, anche se la loro vita di rispetto non ne merita poi molto. Questo ragionamento tuttavia aprirebbe orizzonti scivolosi su chi lo meriti e fino a che punto, quindi affidiamoci alla grammatica che rimane uno degli ultimi baluardi di certezza che la nostra società si sta impegnando a distruggere ma che ancora pare universalmente, se non seguìto, per lo meno accettato. In ogni caso, rivolgermi a lei (non a *Lei*) con un'ostentazione di particelle sproporzionate, di maiuscole non indispensabili, mi avrebbe creato un disagio emotivo superiore a quello che già provo nel parlarle (non *parlarLe*), pertanto preferisco evitare l'ufficialità della parola scritta.

La terza ragione per cui ho scelto di evitare il classico mezzo epistolare consiste nel fatto che una lettera, anche se definita aperta, risulta sempre e comunque più chiusa di un discorso. Non ignoro la vasta tradizione di "lettere aperte" che hanno punteggiato la storia e la letteratura, dal *De Profundis* di Wilde ai pamphlets politici camuffati da epistola, ma io non amo in modo particolare i travestimenti e penso che una lettera sia sempre più "chiusa", fosse pure soltanto in una busta, nella piega di un foglio di carta, nell'inchiostro che nasconde i visi, di quanto al contrario non lo sia un volto, una parola, perfino un libro. Sì, perché un libro può essere sfogliato da chiunque, può essere odorato, lanciato, può contenere più discorsi di quanti una lettera potrà mai mediarne prima di chiudersi con quel "*distinti saluti*" che prende le distanze da tutto, annoda sospesi che non possono essere affatto conclusi e torna a un rapporto di stima convenzionale che io ho smesso di elargire da più di qualche tempo. Il rispetto va guadagnato, mio caro dottore, senza maiuscola, forse egregio o forse no.

Veniamo all'ultimo motivo per cui non ho scelto la via epistolare, poi non la annoierò più con convenzioni di tipo strutturale, per quanto, come lei stesso mi insegna o forse non mi insegna affatto, la forma spesso può significare profondi contenuti. La lettera è sempre un monologo scritto dal mittente a uno o più destinatari, fossero anche un'intera comunità o categoria. Io invece parlo con lei, dottore, perché anche se starà in silenzio, quel vuoto sarà comunque una risposta, oppure una non risposta, o addirittura la mancanza di una risposta, o, al peggio, l'unica risposta possibile.

Conosce Sartre dottore? Un grande filosofo, un grande autore... certamente lo avrà letto, specialmente poiché si occupava proprio come lei dell'aspetto psicologico e sociale dei suoi personaggi, che altro non erano se non la stigmatizzazione dell'essere umano in una fotografia intrapsichica e successivamente relazionale. La matrice esistenzialista del pensatore lo portò, attraverso varie integrazioni filosofiche, a fondare un metodo di conoscenza "progressivo-regressivo", capace di ricostruire la formazione globale dei soggetti e di individuare il conflitto individuale in relazione con la dialettica storica.

Dottore, lei è esperto della mente dei suoi pazienti, o perlomeno credo che la targhetta fuori dallo studio ci suggerisca questo, ed io mi fido, più o meno come faccio con le etichette che trovo al supermercato davanti alle confezioni sottovuoto di prodotti spacciati come freschi. Proprio perché lei è esperto di persone, credo non saranno sfuggite ai suoi studi le parole di Sartre che recitavano *"l'enfer c'est les autres"*[1], ovvero "l'inferno sono gli altri". Si tratta di un'affermazione controversa che lascia

---

[1] J.P.Sartre, *Huis Clos*, 1943

intendere, secondo l'ottica sartriana, non tanto che l'inferno risieda nei nostri simili, ma che si trovi nei nostri rapporti contorti e viziati con essi. Quindi, in fondo, l'inferno siamo noi, e lei, dottore, dovrebbe essere lì a guardare dentro l'inferno di ciascuno di noi ogni giorno. E' il suo mestiere. C'è chi lava macchine per vivere. Chi lava le coscienze, o per lo meno prova a farlo vestendosi di qualche tonaca. C'è chi prova a lavare il male fisico, come i suoi colleghi medici. C'è chi lava le scale oppure i bagni degli autogrill. C'è chi cerca di lavare via l'ignoranza, come gli insegnanti, anche se ormai i detergenti paiono decisamente insufficienti allo scopo. C'è chi cerca di lavare la corruzione o il crimine e guarda dentro a un altro tipo di inferno, certamente per un compenso più esiguo. E poi c'è lei dottore. Lei dovrebbe lavare via le grida dell'inferno dantesco che si chiude nella mente di alcuni di noi, forse di molti, magari perfino di tutti. E per contrasto lei lo fa con il silenzio. Mi guarda. Io proseguo. Posso proseguire? Ok, allora proseguo ancora, finché non la vedrò muoversi.

Lo sa che Sartre diceva che il silenzio è già parola? E' già comunicazione?

E' connivenza con il potere, è assenso con una posizione precisa, è assenza di azione, ovvero azione a sua volta. Quindi lei sta agendo ora mentre mi osserva e io dovrei sentirmi a mio agio credo, oppure dovrei sentirmi a disagio con ciò che dico affinché comprenda da sola le disfunzionalità che mi appartengono. E se le dicessi che già le conosco dottore? Se le dicessi che a furia di analizzarle a fondo posso specchiarmi in esse? E che cerco soltanto qualcuno che lavi questo specchio per poter vedere di nuovo me stessa invece del mio disagio? Lei lava gli specchi? O devo chiedere ai signori degli autolavaggi cui facevo riferimento poc'anzi?

Lei non si muove dottore, allora le racconterò una storia. Non avrei potuto forse raccontarla se questa fosse stata una lettera perché sarebbe stata più ufficiale... invece stiamo solo parlando quindi... quindi credo proprio che gliela racconterò.

Parla di una mia amica. Una mia amica molto cara, una persona in gamba, anche se spesso non si riteneva tale. Anzi non si ritiene, perché malgrado tutto è ancora viva e forse ogni tanto non avrebbe voluto esserlo, ma in fin dei conti guardandola da fuori mi sembra sia più viva di quanto non lo sia mai stata.

Non le farò il nome di questa mia amica per preservare la sua intimità e anche perché, se pure ne usassi uno finto, ci sarebbe comunque una schiera di persone che conosco che cercherebbero di individuarla mentre sto parlando ora con lei, e questa è una delle reazioni che trovo più impertinenti e sgraziatamente fastidiose negli ascoltatori come nei lettori, purtroppo è anche una delle più comuni. Io sono una scrittrice, sa dottore? Quando scrivo le mie poesie tutti credono di potermi leggere l'anima e quando scrivo i miei romanzi di pura fantasia, subito i lettori cercano il mio identikit nei personaggi di cui parlo. Arrivano a forzare nei tratti della mia finzione parenti e amici che a malapena conoscono. Mi sembra sempre morbosa questa smania di voler riconoscere qualcuno in ciò che scrive quando non si compie il minimo sforzo per conoscerlo in prima istanza nella vita vera. Sembra distopico e vagamente nevrotico, ma forse fa solo parte di ciò che ci suggeriva Sartre nelle parole che ho menzionato poco fa.

Torniamo a noi, questa mia amica sa che le parlerò della sua storia e quindi mi sento autorizzata a farlo senza troppi mezzi termini, anche perché lei stessa è talmente arrabbiata che probabilmente ne avrebbe parlato in prima persona se ne avesse avuto i mezzi o forse anche solo un destinatario reale. Perché lei è reale vero dottore? Anche se resta fermo e mi guarda?

Insomma, questa ragazza aveva diversi problemi. Non stava bene, non stava bene per nulla. Aveva svariati disturbi di salute che inizialmente non vennero creduti dalla medicina tradizionale, poi vennero analizzati, poi perfino diagnosticati, e dopo trattati, e alla lunga ignorati, poi nuovamente presi in considerazione per farli tacere ma senza troppi risultati, fino a condurre questa adolescente, poi giovane donna, a pensare che non esistesse vita al di fuori del dolore. Talora più sopportabile, talora invalidante, pareva che il "male", in senso stretto e in senso lato, fosse una circostanza così irrimediabile da essere l'unica condizione di vita. Era triste, poi arrabbiata, poi determinata a combattere, poi destinata a fallire, e poi di nuovo triste. Si sentiva vittima di una fattura che trasformava in difficili tutte le cose che per i suoi coetanei sembravano così facili, fino a manipolare le sue scelte, la percezione che aveva di se stessa.

In fondo ci hanno insegnato a credere che ogni punizione derivi da una colpa, ogni male venga da un peccato originale che abbiamo fatto nostro. Io non sono particolarmente religiosa, sebbene mi ritenga molto spirituale, e nemmeno la mia amica simpatizza granché con i dettami ecclesiastici, tuttavia sappiamo che inconsciamente alcune dinamiche psicologiche entrano nel nostro vissuto prima ancora che noi ce ne rendiamo conto. Ma questo può insegnarmelo lei stesso dottore, vero?

18

Dottore? Può insegnarmi qualcosa vero? Era una battuta... una sottile provocazione... ma lei non sorride. Ha ragione. In realtà non c'è nulla da ridere.

Insomma parlavamo di questa mia amica. Come può immaginare dopo molti anni di mancate soluzioni, di auto colpevolizzazioni che in fondo nessuno sapeva toglierle perché in molti ripetevano che se stava male era perché lei "era fatta così", questa ragazza è andata in depressione. Io le ripetevo che conoscevo bene cosa significasse essere profondamente sensibili e che secondo me doveva imparare soltanto a far fronte a una straordinaria fragilità originata da un'altrettanta straordinaria forza che proviene da una personalità complessa, empatica e molto radicata che si scontra con una condizione fisica problematica e un mondo in scala di grigi che sa decodificare i nuvoloni bigi del temporale ma non l'arcobaleno che ne scaturisce.

Credo di avere molto in comune con questa mia amica, sa dottore, quindi mi immedesimavo nella sua sofferenza e mi intristiva vederla andare in pezzi, ma gioivo con lei quando questi pezzi tornavano insieme con un disegno nuovo. Eppure lei mi diceva di non essere troppo felice perché ogni volta che rimetteva a posto i cocci, qualcuno di essi andava perso. Le ho suggerito di chiedere aiuto per recuperarli, per incollarli meglio, e lei ha iniziato a leggere, a parlare, a cercare dottori come lei, psicoterapeuti, psichiatri, psicologi di ogni sorta. Ogni nuovo farmaco era una speranza e poi le pastiglie si sbriciolavano in pezzetti di anima che non riconosceva, ogni goccia rifletteva un'immagine distorta di se stessa in cui non la riconoscevo più neanche io.

Per molti, non per tutti fortunatamente, le soluzioni erano sempre le stesse: "*Alzate le dosi*".

Eppure gli antidepressivi l'hanno aiutata fino a un certo punto, fino a quando il mostro l'ha inghiottita. Se le chiedevo cosa provasse, lei mi rispondeva che era come Pinocchio nel ventre della balena. Non vedeva nulla, non poteva respirare bene, non esisteva una via di fuga se non... beh... quella meno auspicabile.

Anch'io sono depressa sa dottore? O lo sono stata. O lo sono quando non funzionano le stampelle che mi servono per non esserlo. Ora non mi vergogno più di dirlo. Anzi mi è venuta una gran voglia di rivendicazione.

Mi fanno incavolare da morire le persone che si definiscono "depresse" solo perché hanno una giornata o un periodo storto. Sono tristi, ci mancherebbe, deluse, demotivate, magari disperate a tratti. Ma la depressione non è nulla di tutto questo. E' un'enorme bolla di apatia che ti estranea dal mondo, dagli affetti, che ti inibisce la parola e il sentimento, lasciando un vuoto gonfiarsi fisicamente nello stomaco fino a riempirlo completamente, fino a premere contro i polmoni e contro la gola, in un misto di vomito e soffocamento. La depressione è il punto più basso di una spirale di ansia e di angoscia lunga e disorientante che viene innescata e sviluppata da tutta una serie di problemi gravi, di traumi, di sensibilità, di forza e fragilità. Ma non sono qui per parlare di me oggi. Non oggi. L'ho fatto molte volte ma oggi non starò qui a spiegare come sono arrivata a questo punto per un motivo molto semplice: non devo giustificarmi. Non devo scusarmi con nessuno. Non devo spiegare a lei o al mondo i mille motivi che mi hanno spinto in quel vortice. Quando qualcuno sta per annegare lo si salva e basta. Ci si rallegra perché non è affogato. Ci si dispiace o spaventa per la sua situazione. Non si giudica come sia successo, al massimo se ne parla a posteriori. Il superstite non si vergogna di essere quasi morto tra le onde. E non si vergogna neppure il malato di cancro. Non dovrebbe vergognarsi chi nasce con una patologia. Mi sono battuta e mi batto attraverso la mia scrittura e anche alcune azioni concrete perché non ci si vergogni di alcuna disabilità, di alcuna violenza subita, di alcun disagio alimentare. E così non bisogna vergognarsi della parola *depressione*. La vergogna è l'arma che questo mostro usa per tenerci in scacco, ma quando l'avremo disinnescata saremo noi a uscirne vittoriosi. Solo a quel punto si potrà parlare di queste tematiche senza paura di essere giudicati, discriminati, additati, o, peggio ancora, compatiti. Purtroppo la nostra società che si sente tanto matura da sdoganare le tematiche più scabrose, ancora non è pronta per affrontare queste realtà così comuni che vengono ancora relegate a tabù che è meglio accantonare, o, peggio ancora, a circhi mediatici del dolore accompagnati da una mala informazione che forse è peggiore del silenzio stesso.

Ho promesso alla mia amica che se si fosse impegnata a uscire dal ventre della balena, io stessa avrei parlato apertamente di questa verità... perché se si parla in due già non si è più soli... e allora chissà quante altre persone a loro volta ascoltandoci capiranno di essere in compagnia e si sentiranno forse un pochino meno abbandonate.

Il suo silenzio mi abbandona molto, sa, dottore? Eppure... in qualche modo ancora lo preferisco. Lo preferisco a quello che è successo alla mia amica.

Era andata dal terapeuta che sembrava finalmente averle dato un riscontro e gli aveva spiegato che gli psicofarmaci, pur avendo "alzato le dosi", la aiutavano solo fino ad un certo punto. Non riusciva più a dormire, a lavorare, a vivere. La pancia della balena era il suo letto che la avvolgeva la notte come il giorno, le membra legate dalle lenzuola e dall'ossessione di perdere quello che ancora la teneva agganciata al ricordo delle sue emozioni, all'eco di una passione, all'affetto reso mortale dalla malattia che pungeva anche lei. Una notte è scesa dal letto con le gambe sempre più rigide e ha aperto ancora una volta l'armadietto dei medicinali. Io l'ho visto qualche volta a casa sua e l'ho trovato simile a un quadro dadaista, colmo dei colori discrepanti di tante scatole fallite accumulate in un pastrocchio cromatico che apparentemente sembra non aver alcun senso, mentre in realtà ha tutto il senso del mondo. Allora la immagino lì, la mia amica, mentre prende le scatolette colorate in mano e già inizia a scartare le prime pastiglie, a radunarle con le mani. "Alzate le dosi". Almeno credo sia andata così. I dettagli non me li ha mai raccontati.

No, non si è suicidata dottore. Visto che noto come lei sia intento a guardare fuori dalla finestra, la farò breve ok? La mia amica alla fine non si è suicidata. Un giorno le ho chiesto perché. Una domanda sconveniente vero? Però l'ho fatta lo stesso. E lei mi ha guardato con gli occhi dilatati. Mi guardava ma in realtà sembrava osservasse la mia nuca pur fissandomi in volto.

- Per loro. - ha risposto - Non avrei mai potuto fare questo a loro. -

Non le ho mai domandato chi fossero "loro" ma immagino le persone che la amano e non mi offendo se non ha detto "voi". Non mi offendo se non sono stata menzionata tra quelle persone. Ci vogliono corde molto più profonde per tirare indietro chi è lanciato verso l'orlo del burrone. Però un po' mi sono arrabbiata con lei e le ho detto che secondo me in parte lo aveva fatto anche per se stessa, anche se non voleva ammetterlo. Si crede che chi arriva così prossimo al suicidio sia una persona fragile, secondo me invece è un individuo di una forza quasi sovrumana per il fatto stesso di aver guardato giù dal burrone e aver visto cosa c'è. Per aver guardato il mostro negli occhi, averlo combattuto e avergli voltato le spalle. Voglio dire, ci vuole una forza da gigante, non è vero dottore? Basta! Basta dire che sono persone incapaci di affrontare la vita. Questa gente affronta la morte. E la sfida come Davide contro Golia. E vince pure! Mi scusi se è poco. Questo pregiudizio kafkiano secondo cui il mancato atto estremo è esso stesso sintomo di inettitudine va rovesciato una volta per tutte: è la negazione dell'inettitudine, è la rivendicazione di un eroismo prometeico che fallisce nel rubare il fuoco sacro agli dèi ma che vive, vive anche nella punizione eterna della sua hybris. Insomma... la mia amica è uscita dal ventre della balena dal lato giusto.

Quello che mi preme farle sapere è che lei ha scelto di parlarne con il suo terapeuta. E il suo collega le ha risposto che non era affar suo. Proprio così. Ha detto che il suo compito era solo quello di stimolare di volta in volta i nervi scoperti della sua paziente, ma quello che fosse successo fuori dal suo ambulatorio non lo riguardava. Il suo compito era affrontare la patologia, ma non la morte. Poi il suo esimio collega si è rivolto verso il compagno della mia amica e gli ha candidamente suggerito di voltare i tacchi e lasciarla, se non voleva restare impantanato delle spirali del male oscuro.

Quando è uscita dalla sua seduta questa ragazza mi ha telefonato sconvolta, era così arrabbiata, gridava e piangeva allo stesso tempo. Ho sentito tutta la forza di chi aveva sconfitto il mostro che si coagulava di nuovo in un impeto di orgoglio e di dignità.

- Non sono una bambola rotta. Sono una persona. Una persona che vale. -

Ero così orgogliosa di lei.

Aveva vinto di nuovo contro il mostro. E questa volta il mostro era il suo collega, dottore. Il suo collega, che come molti altri conosciuti da me personalmente, giocano a bocce con il cervello e il cuore dei pazienti, li scambiano e li palleggiano. Probabilmente sono abituati a fare lo stesso con se stessi, scuotendo stomaco e fegato fino a non sentire più alcun dolore. Ma i loro pazienti di dolore ne sentono tanto. E sì, è anche un dolore fisico. E no, non bastano le pastiglie per non sentirlo più. Non basta dire "alzate le dosi".

Che strano, mi torna nuovamente in mente Sartre proprio ora, e in particolare il suo pensiero sul fatto che *"les mots sont des pistolets chargés"*, ovvero "le parole sono pistole cariche". Pistole che voi medici avete nelle vostre mani e che con una facilità che mi lascia sbigottita spesso lasciate in quelle di chi soffre dopo averle caricate delle loro debolezze.

Per questo in fondo preferisco che lei non dica nulla, dottore. Preferisco che stia lì a guardarmi senza neppure prendere appunti. Preferisco che in realtà punti tutta la sua terapia sul fatto che la mia mente, se sufficientemente acuta, sensibile e sottile da ammalarmi del mio talento, sia anche abbastanza forte da forgiare le mie stesse parole, quelle munizioni che non lascerò nelle mani di nessuno, perché non sono qui per ricevere alcun tipo di terapia, dottore, oggi nel mirino c'è lei.

Purtroppo il tempo a mia disposizione è finito ormai... Solo una volta ho provato a chiedere a un terapeuta se poteva ascoltare un'ultima cosa mentre cercavo di fargli capire che mi stava congedando con una ferita profonda, e mi è stato detto che non era lì per perdere tempo fino al giorno dopo. Non ho più frequentato gente della sua stirpe, dottore, ma in casi come questo tengo d'occhio l'orologio.

Quello che vorrei dire prima di andarmene è che io non ce l'ho con lei, né con i suoi colleghi... Io sono convinta ci siano delle brave persone che fanno del proprio meglio per ricomporre i puzzle nella mente di noi mortali. Posso solo immaginare quanto sia complesso non avendo a disposizione un test semplice da prescrivere come una lastra o un ematocrito che possa dire cosa è rotto o sbilanciato dentro di noi. È un duro compito quello di ordinare ciò che non si vede oppure si manifesta nella conseguenza occultando la causa. In fondo lo psichiatra o il terapeuta sono misteriose figure mutanti per metà detective e per metà clinici. Questo pericoloso miscuglio ha spesso sacrificato il gene umano e ciò che si è perso tra le categorie in cui tutti noi dobbiamo essere forzati è la normale varietà dei rapporti e delle sfumature umane. Perché, dottore, noi siamo tutti normali.

Ho studiato con passione *l'Introduzione alla*

Psicoanalisi di Freud e la sua *Interpretazione dei Sogni.*
Ho appreso con interesse la distinzione tra nevrosi, ovvero
disturbi psicopatologici quotidiani che nascono
generalmente da un conflitto inconscio di tipo ansiogeno, e
psicosi, ovvero disturbi di tipo psichiatrico, caratterizzati
da una conseguente alterazione dell'equilibrio psichico
dell'individuo. Noi, dottore, siamo ora palesemente
interessati solo alla prima comune e innocua tipologia,
quindi a questo proposito le racconto che quando ho letto,
durante i miei studi, che una vasta gamma di nevrosi, fatta
eccezione per le distinzioni delle fobie, erano
grossolanamente suddivise principalmente in due ampie
categorie, cioè nevrosi ossessive quando vi era timore del
sesso e isterie d'angoscia quando vi era desiderio irrisolto,
ho sorriso pensando quanto questa distinzione fosse
parziale e del tutto approssimativa. Esistono naturalmente
altre ramificazioni più specifiche, mentre chiaramente la
mia è una stilizzazione sommaria e non esaustiva, siamo
nel suo campo dottore non nel mio, ma serve questo
esempio per sottolineare un punto focale. Quella di Freud
era un'intuizione. Un affondo nella morale della sua epoca.
Un approccio spregiudicato alla tematica sessuale che
viene ripresa in ambito onirico e perfino nella risoluzione
di quelle che oggi verrebbero definite volentieri sindromi

ossessivo-compulsive. Freud era un genio. Arrogante, lievemente maschilista e sostenitore di mezzi opinabili ma un genio della sua epoca nell'aver compreso che il nostro inconscio si ribella motu proprio, a causa di un Es compresso da un Super-Io troppo severo, con conseguenti patologie e disturbi dell'Io cosciente.

Lui è stato il punto di partenza, oggi le categorie "prêt-à-porter" che ci vengono fatte calzare a forza sono numerose, la sessualità è solo uno degli ambiti da valutare, il tentativo di utilizzare un'associazione libera senza censura, un'ipnosi o scenari onirici per mettersi in contatto con l'inconscio sono possibilità ormai note e forse superate. Qualunque psichiatra o psicoterapeuta alza gli occhi al cielo se nominiamo le obsolete e commercializzate credenze freudiane. E hanno ragione. Lo studio compiuto da allora a oggi deve essere servito a dimostrare che tutto ciò non era che una grossolana e primordiale punta dell'iceberg. Anche la foto di Freud che tenevo appesa nella mia camera da letto di ragazzina è superata. Ora non mi servono più ologrammi, dottore. Ora servono persone vere che si mettano in discussione.

Vorremmo persone oneste che ci aiutino a combattere i nostri fantasmi alleandosi con noi, anziché colpire le nostre persone per annientarci affinché i fantasmi scompaiano insieme a noi. Non ci vuole uno psichiatra per questo, basta un autore vittoriano come Stevenson che costringe il buon Dr Jeckyll a suicidarsi per portare con sé il suo molesto Mr Hyde.

Abbiamo tutti un Mr Hyde dentro di noi, dottore, anche lei ce l'ha e sta martellando quella penna sul tavolo per il nervosismo davanti alle mie parole.

L'unico motivo per cui noi ci troviamo davanti a lei e ai suoi colleghi è che il nostro Mr Hyde ci fa soffrire. Perché forse abbiamo un cuore o una mente che vibra di molte più frequenze e molte più ne percepisce... E forse proprio quelle frequenze ci provocano dolore… Un dolore così forte da far arrabbiare il nostro Mr Hyde e da farci desiderare di vederlo morire, fosse anche portando via noi stessi.

Credo che il vostro compito, dottore, sia quello di aiutarci a trovare un modo per apprezzare le mille e più frequenze che possiamo sentire e domare il Mr Hyde con cui facciamo colazione ogni mattina. Mentre voi lo avete incatenato laggiù in fondo, dove risiede la vostra coscienza, laggiù siete sicuri che non possa più far danni e chissà forse avrete ragione per molto tempo.

Ogni medico è paziente e ogni paziente è medico, si dice, eppure io speravo ancora nell'aiuto di chi conosce molto più di me. Perché lei ne sa più di me dottore vero? Ne sa senz'altro più di noi anche se non ha provato quello che ho provato io o la mia amica o troppe altre persone di cui vorrei parlarle ma non ho più tempo.

Non voglio pensare che l'aiuto che potete darci sia come quello elargito al mio amico a cui è stato suggerito di rimettersi insieme alla fidanzata problematica, dopo faticosi distacchi da una relazione morbosa, perché "chi altro lo avrebbe voluto se non una così". Non voglio credere che siano questi gli aiuti che nel momento di fragilità si possono ricevere da chi si propone come spacciatore di equilibrio.

A lei la mossa, dottore, se conosce qualcosa che noi ignoriamo per aiutarci a sentirci bene. A stare meglio.

Non a guarire perché sa cosa le dico dottore? Noi non siamo ammalati.

Noi non siamo quelli della televisione. Mi aiuti a dirlo, per favore, vuole aiutarmi?

Se una donna uccide il figlio nella lavatrice non è solo perché è depressa.

Se un ragazzo apparentemente felice si suicida non è perché è bipolare.

Se una persona non riesce più a recarsi in ufficio in modo normale non è ossessivo compulsivo.

Se una persona è stata tanto malata da non riuscire a mangiare non è anoressica per scelta estetica.

Queste etichette sono dolorose, assomigliano al numero tatuato sugli avambracci degli ebrei nei campi nazisti. Sono etichette che non verranno tolte più dalle vite e dalle menti e sono soprattutto sbagliate. La madre omicida e il ragazzo suicida avranno ben altri problemi oltre all'eventuale depressione o bipolarismo che nella realtà quotidiana sono tutt'altra cosa. Vogliamo dirlo alla gente, dottore? Almeno in questo, mi aiuti! Si tratta di disturbi che fanno soffrire chi li manifesta e la sofferenza raddoppia quando subentra il pregiudizio della società che deriva da qualche serie poliziesca che usa a sproposito descrizioni sommarie di nevrosi inoffensive per gli altri e distruttive per chi le vive.

Sogno un mondo in cui una persona possa dire: - Sai, purtroppo soffro di ernia al disco. -

E l'amico possa rispondere: - Mi dispiace, cavolo. Io invece ho un disturbo bipolare. -

E finisce qui. Perché tutto ciò non è "malattia mentale", il grande immenso bubbone che chiudeva i poveri ammalati in manicomi crudeli e spersonalizzanti, prigioni della tortura, convinti che non esistesse cura per chi era posseduto da forze sconosciute. I disturbi talora lievi e diffusissimi che ho nominato non hanno niente a che fare con le efferatezze che ho provocatoriamente menzionato. L'opinione pubblica non può e non deve metterle in relazione. Finché questo accadrà ci sarà sempre ghettizzazione e pregiudizio. Queste sono solo caratteristiche umane. Umanissime. Siamo persone. Belle persone. Persone in cerca di un piccolo aiuto per essere migliori e smettere di soffrire. E magari l'aiuto nello sdoganare questa verità potrebbe venire proprio dalla sua categoria, mi sbaglio dottore?

Anche questo è il vostro lavoro? Se non lo è mi scusi. Veramente. Ho frainteso. Magari il vostro compito è sedare le vere gravi patologie cliniche per impedire di nuocere al paziente e ai suoi cari. Magari il vostro compito non è neppure quello perché alcuni di voi sono psicologi, si tengono lontani dalle medicine e lavorano con le parole. Pistole cariche. Armi potentissime. Io credo ciecamente nel potere della parola... Insegno lingue straniere, scrivo, traduco, ho redatto un saggio sulla poesia che trattava proprio l'importanza ponderosa della scelta della parola... Perché parola è magia, è azione, è salvezza, è pericolo. La parola è medicina o veleno nel suo potere taumaturgico. Se non la si usa bene, il danno è tremendo ma se la si usa al massimo del suo potenziale avviene il miracolo. Forse non si guarisce ma in fondo abbiamo concordato di non essere così malati, di aver solo bisogno di una parola giusta. E sono certa che da qualche parte nel mondo alcuni suoi colleghi riescano a mettere cuore, cervello, cultura e sensibilità al servizio della parola giusta. Forse un giorno conoscerò uno dei suoi colleghi e lo ringrazierò.

Ma non avrò più bisogno di lui.

Per intanto lei taccia pure, dottore. Così non sbaglia.

Siamo noi quelli sbagliati... O forse siamo noi ad aver capito quasi tutto, tranne come essere felici.

Mi saluti il suo Mr Hyde quando lo vede dottore, e la prego non finisca per assomigliargli tanto da non distinguerlo da se stesso quando vi confronterete.

Ecco il denaro per il suo tempo, grazie per avermi ascoltato, credo. In bocca al lupo per il suo business costruito su gente normale ma infelice, senza equilibrio come capita a quasi tutti noi nel corso della vita. Gente che se guarisce è per merito vostro naturalmente. Ma se non guarisce è per una propria colpa: perché "resiste alla cura" come ho sentito dire. E in fondo... Ammetto... La mia amica lo ha fatto davvero. Si fa di tutto per portare in salvo se stessi.

Buonasera dottor Pilato.

2.

Ciao, scusami, stai aspettando il dottore?

Arriva subito, è andato a prendere un caffè... forse aveva bisogno di un piccolo intervallo dopo il colloquio con la sottoscritta... sai, a volte so essere un po' pesante.

Sì, so che normalmente non si dovrebbe socializzare nella sala d'aspetto di un terapeuta, è come una legge non scritta. Siamo qui ma facciamo finta di non esserci. Ma ti confido un segreto, in fondo facciamo lo stesso nel mondo. E' la stessa cosa: abbiamo le nostre paure, le nostre piccole o grandi nevrosi, i nostri rimossi, le nostre fobie, ma facciamo finta che tutto questo non esista. Siamo come in una gigantesca sala d'aspetto di un terapeuta, o forse di uno psichiatra visto che ci ingozziamo tutti di sostanze che ci possano far sentire leggermente meglio. Non parlo solo di farmaci, o di qualcosa che ingeriamo, parlo anche di rapporti vicari, passioni morbose, abitudini rassicuranti, piccole intemperanze, o, peggio ancora, la negazione di tutto questo nell'immensa recita che ci vede tutti come donne e uomini inseriti.

Io direi che siamo più onesti davanti a questa porta, perché ci guardiamo negli occhi e con sincerità ci diciamo che in fondo siamo umani, che abbiamo un problema.

Io ti stimo. Non so quale sia il tuo disturbo, non conosco il tuo percorso, ma so che sei qui a chiedere aiuto e personalmente credo che questo ti renda una persona forte e piena di orgoglio. L'orgoglio di voler essere qualcosa di meglio dei propri problemi. C'è chi dice che chi chiede aiuto ha già risolto il suo disturbo per metà, ma tu ed io sappiamo entrambe che non è affatto vero. Magari bastasse questo. Diciamo che è l'inizio di un percorso ma bisogna avere una considerevole spina dorsale per continuarlo. Poi conta poco se sarà il dottore dietro a questa porta a fornire la chiave giusta, o magari quello che starà seduto dietro la ventesima porta, oppure chissà, un amico, la parola di un estraneo... qualsiasi elemento in fondo girerà prima o poi la chiave giusta per liberare dalla prigione i nostri fantasmi reclusi, quelli buoni e quelli cattivi.

Magari potrà essere proprio questo bel cagnolino che porti con te. Davvero bello, un maschietto vero? Direi un cane da caccia se non sbaglio, ma confesso di non essere molto brava a distinguere le razze.

So che alcuni terapeuti propongono di presentarsi alle sedute con l'animale che ha maggior impatto sul nostro vissuto psichico ed emotivo... giusto per farti sorridere ti dirò che nel mio caso si tratta di un cavallo quindi il dottore ha lasciato perdere immediatamente! Comunque anch'io ho un cane, una femmina di alano. E' molto buona, molto simpatica, ma certo non abbiamo il rapporto che tu hai con il tuo compagno. Si nota come vi guardate, come lo tocchi, continuamente. E' davvero raro poter vedere una simbiosi tanto palese. Lo tocchi.

Lo tocchi ancora. Viene detto qualcosa che crea disagio e tu lo tocchi, arriva un urto di nausea e tu lo tocchi, hai paura che sia la prima fitta di un attacco di panico e tu lo tocchi. Sì, lo capisco. Toccarlo ti fa stare bene, perché ti consente di capire se sta bene lui, perché ti rendi conto che, se per qualche motivo lo sentissi diverso, lo scoprissi malato, lo percepissi mentre si distoglie per rifiuto o per dolore, tu crolleresti.

Un giorno sai che lo toccherai e sarà freddo ma questo riesci a pensarlo solo la notte, in un misto tra sogni angosciosi e lucida necessità di esorcizzare. Intanto lo tocchi, anche dieci volte in un minuto: la tua mano è tesa e spaventata ogni volta come se dovessi trovare il male intrecciato al suo pelo, poi scopri che lui sta bene e si nota il tuo corpo rilassarsi, lo sguardo addolcirsi e tutto il mondo torna a girare con calma. Poi avrai di nuovo il dubbio che lui non stia bene e lo toccherai con la stessa ansia di pochi attimi prima, lo farai alzare per accertarti che non zoppichi, che le sue articolazioni non dolgano, che il suo respiro sia regolare e poi gli chiederai di nuovo di sdraiarsi a terra con una rilassata carezza. Se per pochi istanti esitasse ad alzarsi, a camminare verso di te, immediatamente sarebbe panico nei tuoi occhi che qualcosa non vada.

Ti avranno detto che hai un vero disturbo fobico ossessivo... ma il tuo cagnolino non lo sa. Lui è lì per te e quando senti il suo pelo tra le mani ti sembra di intrecciare tra le dita i fili delle tue Parche. Ti senti di dominare il tuo piccolo mondo. Credo che la vita ci renda spesso ossessivi verso ciò che amiamo al punto di diventare una stampella imprescindibile perché, si sa, nulla è eterno e immutabile nella vita, e temiamo che perdere il nostro salvagente ci costringa in ginocchio per sempre.

In fondo poi immagino tu sarai un'impiegata perfetta, un'ottima madre magari, o forse moglie e figlia... il fatto di toccare il tuo cane è una parte fondamentale della tua vita ma non intacca tutte le altre. Il fatto che tu sia scrupolosa al limite dell'umano con lui non significa che tu non sia lucida, pragmatica e perfino molto brava ad assorbire urti altrove. Non permettere mai a nessuno di dirti il contrario. Non permettere mai a nessuno di mettere in dubbio la tua capacità di giudizio, e soprattutto non permetterlo a te stessa, solo perché una sfera della tua vita è più sensibile. Forse lo è diventata proprio per rendere più forti tutte le altre. Forse hai dovuto affrontare la malattia, il rifiuto, la perdita, forse hai una sensibilità che ti ha mostrato l'orco prima che gli altri bambini lo sentissero raccontare anche solo in una fiaba. Questo rende la tua capacità di gestire la vita e le emozioni enormemente più sviluppata degli altri non credi? Poi se hai bisogno di toccare il tuo cane... sai che ti dico... chissene importa! Imparerai a dominare anche questo. Imparerai a vivere la tua stampella emotiva per la gioia che ti dà averla in tuo supporto e non per l'angoscia che ti provoca il terrore di perderla. In fondo pensi di essere l'unica ad aver paura di perdere quello che ti tiene in piedi. Tutti siamo terrorizzati di questo. Siamo terrorizzati dalla morte, dalla zoppia in senso lato, dall'immobilità, dalla solitudine, dal dover lasciar andare. Tutti lo siamo e ognuno compensa a modo suo. Siamo tutti malati per questo? Io non sono un dottore, ma dico di no. Dico solo che dobbiamo trovare una via per convivere con quest'ansia affinché non ci tolga la capacità di godere delle cose e delle persone prima di averle perse.

Scusami se mi sto facendo gli affari tuoi ma ho visto accadere qualcosa di molto simile, ne sono stata testimone e perfino parte attiva, e mi viene spontaneo riconoscerlo.

Vedo dal tuo sorriso che ti senti compresa quindi non ti ho urtato?

Meno male... a volte è sottile il confine tra condivisione e invadenza. Io oggi l'ho travalicato con tutti ma tu sei gentile e sorridi, spero non sia solo per educazione. Il sorriso è qualcosa di veramente speciale. Lo uso tanto anch'io sai? Lo uso per educazione, per abitudine, per difesa, ma anche per convinzione.

Io sono il tipo che si sente dire spesso: - Tu sorridi sempre, si vede che non hai problemi! -

In effetti, hanno ragione, in genere quando sono tra la gente sorrido sempre, anche nel più nero dei miei giorni. Magari un sorriso può essere mesto, nervoso, istintivo, automatico, ma non c'è nulla, e dico nulla di falso in ciascuno di essi. Attraverso il sorriso passa la comunicazione, si abbattono le barriere, si indica accoglienza e fiducia in noi stessi e in ciò che stiamo comunicando. Ironia, educazione... Tutto perfettamente in linea con un filo comunicativo spontaneo che non vivo solo davanti a un pubblico, quando mi capita per lavoro di averne uno, ma anche tra gli amici, al supermercato, dal medico. Non sono il tipo di persona capace di stare zitta quando qualcuno dice qualcosa su cui io non sono d'accordo...

In altre parole io non sono il tipo di persona che cerca di compiacere. Non sono quasi mai consenziente. Ma sorrido. Fino al punto di far credere involontariamente alle persone che non ci sia sofferenza nella mia vita anche quando sta crollando a pezzi. Perché? Perché quella barriera è una difesa inespugnabile che nessuno può abbattere... Una difesa non dagli altri ma da noi stessi. Una difesa verso il dolore. Non una maschera né una falsità ma un canale di comunicazione che chiude il male e lascia fluire il pensiero e il sentimento razionale... Come una sorta di dreamcatcher emotivo.

Si dice che la felicità sia sorridere nonostante tutto. Ma non è vero... Non si è felici perché si sorride... Ma si dimostra un'attitudine coraggiosa, a volte scolpita e a volte spontanea. Quando un singolo amico vede in quel sorriso la tua verità, esso non sarà più una barriera ma una finestra.

Mai ipocrita e sempre dignitoso, il sorriso è l'unico scudo che consente di mascherare le ferite ma al tempo stesso di esporle, di regalare agli altri il meglio di noi e di lasciare a pochi il privilegio e la capacità di capire cosa si cela dietro di esso.

Tu hai un bel sorriso. Il sorriso di chi soffre a volte è il più bello, mi ricorda il sole che filtra attraverso la pioggia.

Tra le due cose, quella destinata ad andarsene sarà la pioggia e non il sole. Quello non se ne va mai neanche quando le nuvole sono scure, quando la terra gira, quando noi giriamo. Quando siamo capovolti e ci dicono che siamo sbagliati. Che siamo malati.

Conosci Albert Camus? Fu un grande scrittore, drammaturgo e filosofo francese. Proprio poco fa ho parlato al dottore di Sartre e ora mi trovo quasi per coincidenza a nominare il suo collega, impegnato a sua volta nella descrizione della tragicità dell'esistenza umana. Quella che lui definiva *la nausée*, la nausea, della vita, in un eco moderno dello spleen baudeleriano. Scusami, mi stavo lasciando andare al mio spirito da insegnante, ora torno a quello che volevo dirti.

Camus scrisse nella sua opera *Caligola* delle parole davvero uniche che spero di ricordarmi ora correttamente. Diceva: - Come tutti gli esseri senz'anima, non potete sopportare chi ne ha troppa. (...) Troppa anima! Che seccatura, no? Allora si preferisce chiamarla malattia: e tutti sono in regola, contenti. -

"Troppa anima"... È senz'altro una malattia grave secondo molti. Come può curarla la società se non etichettandola come si conviene. Non esistono radiografie per diagnosticare questa sovrapproduzione di spirito, quindi non resta che una definizione empirica: è "malattia mentale". Ah che sollievo! Il paziente è catalogato. È inguaribile. Ma si può cercare di distruggerne l'anima visto che coincide con la patologia.

Resiste alla cura... Allora è anche autolesionista. Alzate le dosi.

Non fraintendermi, io credo all'utilità della cura medica quando necessario. Viviamo in un'epoca in cui per fortuna possiamo attingere a vari mezzi per compensare sbilanciamenti anche fisici e chimici del nostro organismo. Voglio dire, chi negherebbe che un diabetico debba fare le sue iniezioni per correggere un malfunzionamento del suo organismo? Allo stesso modo se i ricaptatori della serotonina non fanno il loro mestiere non c'è nulla di male a prendere un antidepressivo. La demonizzazione degli psicofarmaci è dannosa quanto l'abuso che ne viene fatto a volte.

Purtroppo sono complici i media, il cinema che ci mostra l'utilizzo del farmaco come ultima spiaggia in situazioni di malattia avanzata e spesso la cura porta alla totale distruzione psichica e personale del paziente. Questa percezione del farmaco come malefico ed esecrabile penso sia pesantemente dannosa tanto per chi necessita la cura e la percepisce come una potenziale perdita di se stesso invece di un ritrovamento, quanto per la società che quando scopre che una persona prende uno psicofarmaco sgrana gli occhi come se avesse di fronte un misto tra un eroinomane e uno squilibrato da camicia di forza. Purtroppo quasi tutte le malattie sono curabili, comprese quelle mentali, ma l'ignoranza non lo è davvero.

Quindi mi sento di spezzare una lancia in favore dell'utilizzo morigerato e clinicamente ponderato di queste sostanze in dosi minime, mentre spezzerei volentieri qualcosa di più consistente sulla scrivania di chi ne prescrive a palate solo per intontire il paziente, il sintomo e l'evidente fallimento del proprio ego nel non aver trovato una soluzione migliore.

Credo che chiunque di noi abbia conosciuto da vicino qualcuno che ha preso almeno una volta un antidepressivo: quelle pastiglie possono restituire la vita, oppure distruggerla. Con il farmaco giusto si può ritrovare una persona dietro i suoi occhi, oppure perderla del tutto in un universo buio. Non capisco come alcuni medici non si rendano conto che questo genere di farmaci non può essere paragonato a un antibiotico o a un antidolorifico che può essere sostituito, affiancato, aumentato o sospeso senza troppe conseguenze. Ognuna di queste sostanze disegna arazzi di anima sulle pareti della mente e il fisico può trovare in essi una promessa di libertà oppure una catena di dolore. In ogni caso tu sai bene che anche il farmaco più riuscito può dare solo una prima spinta, di tipo strettamente chimico laddove la biologia necessiti una compensazione, ma il vero percorso va fatto con l'anima. Forse troppa o forse no. Una pastiglia non risolverà mai una sofferenza dello spirito, ma, come mi ha dimostrato una cara amica di cui ho parlato con il dottore poc'anzi, l'orgoglio può farlo, l'attaccamento alla vita nonostante tutto, e la vittoria su quel verme strisciante che è la vergogna.

Certo, figurati, vai pure, il dottore ti chiama. Anzi scusami se ti ho trattenuto....

Come? Il medico ti aveva chiesto di venire con il cane e ora ha cambiato idea o non se lo ricorda più e vuole che lo lasci fuori? Eh sì... mi è capitata una cosa simile una volta, solo che si trattava dei miei genitori.

Il dottore all'epoca mi aveva perfino chiamato con un nome sbagliato.

Non importa, stai tranquilla, resto io qui fuori con il tuo cane. Mi fa piacere, non ho nulla da fare... intanto parliamo un po'.

45

3.

Eccoci qua, piccolino... insomma... non proprio piccolo in realtà ma sai, io vivo con un alano di fianco alla scrivania, quindi i miei parametri di dimensione canina sono relativi! Andreste d'accordo sai? Anche tu hai un'aria dolce ma anche molto acuta, c'è una scintilla lucida nei tuoi occhioni grandi e attenti. Ora però puoi distogliere lo sguardo dalla porta che si è chiusa alle spalle della tua umana. Tranquillo, il dottore non le farà nulla. Anzi, non farà proprio *nulla*.

Forza siediti, non starai comodo tutto il tempo con il guinzaglio teso e il naso puntato verso l'ambulatorio, facciamo così, ti gratto un po' dietro l'orecchio e vediamo se ti distrai un attimo. Ecco... così... sento già la testolona che si piega verso la mano, ti piacciono le coccole vero? Ora spingi proprio contro il mio palmo, allora sei contento se ti stropiccio le tue orecchione di seta vero?

Finalmente mi guardi. Ciao.

Eh sì, siamo io e te qua fuori e ci staremo per un po', ti conviene metterti a terra... tranquillo, ora ti sto appoggiando una mano sul dorso per suggerirti di sederti e non per controllare le tue anche, i tuoi movimenti, il tuo respiro. Sembri quasi abituato a quel tipo di tocco, come se ti aspettassi costantemente questi piccoli battiti di rassicurazione, sebbene tu non comprenda e non possa in nessun modo spiegarti la ragione di quest'abitudine da parte della tua umana. Tu puoi solo adeguarti a quel contatto costante, comprendendo tuttavia come siano diversi quei piccoli sfioramenti dalle coccole morbide e prolungate, rilassate e sorridenti. Capisci che si tratta di qualcosa di necessario, a volte nervoso, ma indispensabile per la tua umana e, dopotutto, quante cose ogni giorno fai soltanto perché lei decide che è necessario! Mangi, bevi, esci, giochi, dormi, ti lasci toelettare, incontri altri umani o tuoi simili solo quando lo decide lei e solo nei tempi in cui lo stabilisce lei. Ti fidi. Quello che fa è senz'altro giusto. Quindi tutto sommato per te diventa normale anche essere toccato spesso, ovunque, con un filo di ansia. Chissà se capisci che lei è terrorizzata di dover scoprire qualcosa che non va in te perché significherebbe frantumare lo specchio attraverso il quale lei si percepisce al contatto con la tua natura tiepida e rassicurante, fedele oltre ogni giudizio.

Non credo che tu possa capire questa sua piccola ossessione, ma certamente capisci il suo bisogno perché non serve spiegarti la necessità di un contatto, l'importanza di un gesto o di uno sguardo.

Ora per esempio mi stai fissando, mentre ti parlo. A

differenza di quanto avvenuto poco fa dentro quello studio, mi sento completamente a mio agio mentre chiacchiero e tu mi fissi. Ho la sensazione che tu mi intuisca. Non mi aspetto da te nulla che non possa arrivare e forse per questo so che non resterò delusa.

Sai, non sono particolarmente appassionata dei film in cui si trasformano gli animali in umani, in cui si attribuiscono loro doti che non hanno e che legittimamente non devono avere.

"Ai cani manca la parola". Che idiozia. A voi non manca niente. Non avete la parola perché usate linguaggi diversi e se non fosse così cadrebbe la meraviglia speciale dei rapporti che abbiamo con voi. Non ci aspettiamo che voi comprendiate i nostri sproloqui, sebbene spesso ve li sbrodoliamo addosso ugualmente, come sto facendo io in questo momento, ma si tratta di un'esigenza puramente umana. Voi non dovete capire tutto questo. Forse perdereste la vostra purezza se capiste o utilizzaste gli stessi mezzi comunicativi che appartengono ai bipedi. Voi usate un linguaggio molto più potente ed è questo che ci guarisce. O che lenisce un momento di dolore.

La tua padroncina, ad esempio, ha mai avuto un attacco di panico? Io non sono un medico e tantomeno un'indovina, ma secondo me potrebbe essere successo, vista la sua piccola sindrome compulsiva tanto palese.

Per quanto ne so, questi disturbi sono strettamente connessi all'ansia e purtroppo ho conosciuto diverse persone che hanno sperimentato il culmine dell'angoscia nell'attacco di panico. Mi è successo anche di soccorrere diversi studenti che hanno sofferto di questi episodi che, purtroppo, talora non si limitano a essere sporadici incidenti ma diventano un vero susseguirsi invalidante di manifestazioni in dimensioni sempre crescenti. Sono momenti bruttissimi sai? Soprattutto perché le persone si sentono in balìa dell'imprevedibilità dell'evento che può accadere in qualsiasi circostanza e, oltre alla gestione pratica di una crisi tanto pervasiva, interviene di nuovo la vergogna di cui parlavo un momento fa al dottore.

Ricordo i miei studenti ripetere: - Chi mi vede? Mandi via tutti! - Mi facevano tenerezza. Le gambe e le braccia rigide si scuotevano come se i ragazzi avessero avuto le dita infilate nella presa di corrente, il senso di svenimento oscurava la vista, mentre cresceva la nausea e gli occhi scattavano verso l'alto facendomi temere il peggio.

Davvero un brutto spettacolo. A seconda delle circostanze provavo a parlare con questi ragazzi, a volte li facevo respirare in un sacchetto di carta per evitare l'iperventilazione dovuta all'angoscia. Ma sacchettini di carta non ce ne sono mai quando si cercano! Qualcuno degli adolescenti aveva con sé alcuni ansiolitici, essendo in cura per questo disturbo, ma altri non avevano niente se non il loro terrore che chiudeva la gola e mi sgranavano gli occhi davanti mentre stringevano le gambe delle sedie tremando sul pavimento e sentendo il cuore rimbalzare in gola come se volesse uscire e prenderli a pugni.

Alcuni di loro mi chiedevano se sarebbero morti, allora rispondevo di stare tranquilli, che non sarebbe successo. Li esortavo a concentrare la mente su piccoli dettagli che potevano vedere fuori dalla finestra, oppure in classe. Li obbligavo a focalizzarsi unicamente sulla forma di quel dettaglio per fermare la mente, per limitarla e concentrarla su qualcosa di inoffensivo, di dominabile.

E poi il respiro... a poco a poco... il respiro. Il respiro tornava lento mentre le braccia e le gambe più morbide si rilassavano sul pavimento.

Allora il peggio era passato. E allora, ecco la fitta di dolore attraversare lo sguardo: - Mi hanno visto tutti. -

E poi i giorni di assenza, sempre più frequenti. Perché gli attacchi di panico sono imprevedibili, non avvengono a ridosso di un evento stressante, anzi, possono avvenire in situazioni totalmente familiari, quindi il rischio di esserne vittima senza poterli prevenire è alto, altissimo. I dottori non forniscono tecniche o soluzioni, sebbene gli ansiolitici siano un buon palliativo, e la vergogna vince di nuovo. Menti brillanti murate a casa per paura. Non più di morire. Ma di morire di vergogna. Di sembrare pazzi, oppure deboli. Sai cosa ti dico amico mio? Erano le menti più brillanti. Erano i ragazzi e le ragazze più intelligenti, più sensibili. Erano loro quelli avanti a tutti.

Quelli che vedevano più di tutti. Vedevano troppo, tutto insieme e lo sentivano tutto.

E tu? Tu cosa vedi piccolino? Vedi me che ti racconto tutte queste cose mentre ti gratto le orecchie in stereo ormai e mi guardi con i tuoi specchi umidi color castagna. Sembri dispiaciuto, ma so che non stai capendo nulla. Eppure, se uno di quei ragazzi fosse qui, sapresti probabilmente fare la cosa giusta. Perché a te non manca affatto la parola, non ti manca nulla, tu hai tutto il resto.

E magari faresti un lavoro migliore di quanto sapessi fare io con quelle creature tremanti.

Sai, una volta avevo un cavallo che oggi purtroppo non c'è più. Io sono convinta che in realtà ci sia ancora perché sono certa che le vostre anime siano vicine a noi quanto gli spiriti degli altri umani. Chissà, magari in un'altra dimensione o nella medesima... però quando mi trovo in qualche difficoltà spesso mi fermo sulle colline dove è mancato il mio amico e mi convinco che sia ancora lì a spingermi con il suo grosso testone baio. Ero ragazzina quando montavo questo cavallo, più o meno verso la fine della scuola superiore. Non entrerò in dettagli che non t'interessano, ma quell'anno sono stata in ospedale per colpa di una malattia che mi ha reso abbastanza fragile, specialmente dal punto di vista motorio. No, no, non guardarmi con quel faccino... sto bene adesso! Ti racconto questo per spiegarti che, non appena sono stata in grado di muovermi, il mio primo desiderio è stato quello di andare a trovare il mio cavallo.

Per la cronaca ti dico anche che non era mio ufficialmente, ma per il mio cuore e per il suo era come se lo fosse. Chiaramente erano tutti piuttosto contrari all'incontro, perché lui era un tipo molto irruento, era irrequieto, ombroso, spesso dominante negli atteggiamenti che sfociavano talora in gesti veramente aggressivi anche se con me non è mai successo. Abbiamo litigato spesso, questo sì, ma non ha mai fatto un solo movimento per farmi del male volontariamente. Eppure, in quella condizione di massima fragilità non ero esattamente agile per poter schivare qualche mossa anche sbadatamente esuberante. Non so se conosci i cavalli, sono creature magiche e trascendenti, ma a volte possono anche rivelarsi goffe e vagamente visionarie. Ad ogni modo, alla fine mi sono fatta accompagnare in scuderia.

Ero seduta nel piccolo corridoio su uno sgabellino pieghevole da cui, conoscendomi, avrei potuto finire a terra anche senza una spinta esterna! Lui era libero davanti a me, proprio di fronte ai box dei suoi rivali, dove solitamente rampava e si esibiva nel suo show da stallone mancato, suo malgrado! Quando mi ha visto si è avvicinato piano, ha allargato gli anteriori e ha abbassato il collo gigantesco per lasciarmi in grembo il muso tiepido. Lo ha appoggiato sulle mie gambe, ma non troppo pesantemente da rovesciare me con tutto lo sgabellino, oppure da pesare sulle mie cosce. Soffiava piano sulle braccia scoperte, poi alzava la testa e mi infilava il naso sotto la treccia per continuare a soffiare la sua forza lungo la mia spina dorsale. Siamo rimasti immobili in quella posizione per forse un'ora.

Ho sempre saputo che il mio spirito sarebbe stato intrecciato a quello dei cavalli, ma quel pomeriggio è cambiato qualcosa. Con il tempo è cambiato anche il cavallo... le circostanze generose mi hanno portato vicino a una splendida creatura in cui risiedeva la grazia del cielo e la potenza della terra... e quando purtroppo questo miracolo della natura ci ha lasciati troppo presto, è arrivato il primo cavallo davvero mio. Con lui ho costruito un rapporto simile a quello che hai con la tua umana. Con lui, su di lui, vicino a lui ogni fragilità lascia spazio a un ampio respiro e alla certezza di appartenere alla vita, di appartenere a me stessa. Prendo in prestito la sua forza, e gli regalo il mio rispetto, ricevo la sua alleanza e gli consegno la mia persona, per stupirmi poi di come lui sappia restituirmi a me stessa. Abbiamo i capelli dello stesso identico colore sai? Anime gemelle.

Mi fa sentire libera da ogni fantasma, oppure zoppa nell'incedere dell'anima. Anch'io lo "tocco".

Sai, io credo molto nella riabilitazione equestre. Ho fatto anche dei corsi e ancora mi propongo di seguirne per poter regalare ad altri quello che ho provato su me stessa: la relazione empatica con un cavallo ha un potere straordinario che va al di là dell'azione fisioterapica del movimento in sella, si tratta di una riabilitazione dell'anima. Quando ti senti spezzato nel corpo e nello spirito lui ti aggiusta, anche solo consentendoti di pensare di avere ancora così tanto significato da fargli scegliere di restare lì con te. Non importa come tu sia etichettato dal mondo, dalla banca, dal tuo capo, dai medici, da te stesso: al cavallo tutto questo non interessa. Gli importa solo come sei con lui e non potrai mentire.

La stessa cosa vale anche per voi cagnolini vero? Con voi non si può fingere di essere diversi, non si può comprare o vendere il rispetto o l'affetto... fatta eccezione per qualche biscottino! Per questo non è vero che vi manca la parola. Sarebbe un disastro se l'aveste. Il vostro potere sta nel non averla affatto, sta nella sincerità della vostra coda, in una leccatina, nella presenza silenziosa. Perché il vostro è un silenzio puro, pieno di comunicazione e verità, così come parla tacendo il cielo e la terra. Ma ora dimmi... mentre mi fissi... cosa vedi con quegli occhioni larghi? Cosa stai pensando di me ora? Ho smesso da un bel pezzetto di grattarti le orecchie eppure stai immobile, seduto, con una spalla appoggiata alla mia gamba, e i tuoi occhi si allargano sempre di più. Chissà se hai capito qualcosa? Nulla? Tutto? Probabilmente tutto quello che serve. Ehi aspetta dove scappi d'un tratto?

Vieni qui! Aspetta che recupero il guinzaglio!

Ah ecco la tua umana che esce!!! Guarda come sei felice! Il resto del mondo è scomparso, e anch'io! Ma è giusto così! Io resto qui a sorridere davanti alla tua coda in delirio.

4.

Ognuno di noi si sente stretto in se stesso, talvolta amando la sicurezza della propria tana, altre volte gridando claustrofobicamente come un bambino che voglia scendere dal proprio piccolo letto di sbarre. Sì, le sbarre... mi viene inevitabilmente in mente la mia poesia preferita di Emily Dickinson:

Non sento mai la parola 'fuga'
Senza un colpo al cuore.
Un'improvvisa attesa,
un impulso al volo!

Non sento di prigioni smisurate
Abbattute da soldati, senza scuotere
Le sbarre della mia - come un bambino -
Per fallire una volta ancora.[2]

Chissà se oggi ho scosso qualche sbarra e ora, malsana ironia della vita, me ne sto chiusa tra queste quattro pareti strette fissando otto bottoni. Il minuscolo altoparlante

---

[2] "I never hear the word 'escape'
Without a quicker blood,
A sudden expectation,
A flying attitude!

I never hear of prisons broad
By soldiers battered down,
But i tug childish at my bars
Only to fail again!"

(Emily Dickinson, 1859)

56

d'emergenza mi ha fatto sapere, dopo l'allarme, che l'ascensore verrà sbloccato presto ma non sono sicura di avere tutta questa fretta. Mi hanno chiesto se ho la sensazione che mi manchi l'aria, giacché si tratta di una reazione psicologica evidentemente diffusa in circostanze come questa. Ma io respiro molto bene, l'aria mi manca in altre situazioni, magari in ambienti ampi, magari tra le risate di molti, quando fingo io stessa di divertirmi e invece annaspo inghiottendo sorsate d'aria che chiudono la gola. Mi capita spesso anche la notte, quando il respiro si fa tangibile, quando il buio ricama vortici simili ai quadri di Van Gogh, in un movimento psichedelico di realtà e deformazione. Allora sì, mi trovo a boccheggiare. Quando l'ho raccontato alla mia amica, mi ha risposto che purtroppo questa sensazione tanto reale capitava anche a lei, mai quando era stretta tra anguste pareti, o nel gregge della folla, bensì quando era pressata in un suo pensiero, una sua paura, un suo ricordo, una proiezione della sua incertezza che si faceva ossessione stringendo intorno al suo volto un lenzuolo candido di innocente terrore. Per la prima volta, il giorno in cui mi ha raccontato questa sua esperienza, ho compreso in parte quel suo post su facebook che recitava una citazione di Nietzsche su sfondo scuro. La ricordo bene. Diceva: "Se riguarderai a lungo in un abisso, anche l'abisso vorrà guardare dentro di te" [3].

Parlare di abisso chiusi in un ascensore sembra vagamente surreale, come fossi bloccata su questa navetta carontiana che traghetta in verticale attraverso gli strati della coscienza, anziché condurre oltre uno Stige che scorre dove essa si possa purgare.

Gli otto bottoni mi guardano. Sarebbe semplice pensare che bastasse scegliere il piano più alto per raggiungerTi vero? Non sono sicura che Tu ci sia, ma, se fosse, sarebbe semplice veder illuminarsi quei pulsanti, un piano dopo l'altro, fino ad arrivare al Tuo ufficio.

Chissà quanti piani servirebbero.

Quando Ti parlo generalmente lo faccio in luoghi aperti, sotto un albero magari, oppure sulla groppa del mio cavallo, o ancora davanti ad un pezzetto di natura, nella sua semplicità. Non ho nulla contro i templi costruiti da mani esperte e secoli di arte, al contrario.

Eppure dentro le Chiese sembra tutto così artificiale: le formule che recitiamo, i dipinti plastici, lo sfarzo, il luogo del pentimento, quello del giudizio, quello del denaro, quello delle candele, quello della transustanziazione. Forse siamo noi a diventare artificiali.

Mentre sull'erba siamo *solo* uomini. Ed è questo che

---

[3] Friedrich Wilhelm Nietzsche, *Al di là del bene e del male*

dobbiamo tornare a essere, senza che vi sia umiliazione.

Anzi. Siamo *addirittura* uomini e donne che qualche volta riescono a sentirsi un tutt'uno con qualcosa di diverso rispetto allo spritz dell'apericena, o alla propria scrivania tappezzata di numeri. Per qualche istante, anche oggi, ci si può sentire un'unica cosa con quella che tante popolazioni nel corso della storia hanno definito la Madre Terra. Davvero un'immagine trascendente che abbraccia il creato in uno spirito vitale, uno spirito femminile.

No, non lo farò, non preoccuparti. Non cadrò nella domanda ormai quasi cabarettistica sul fatto che Tu sia uomo o donna, perché credo profondamente che esista qualcosa che va molto oltre questa divisione. Credo che esista una dimensione che valica il limite di qualsiasi ascensore mentale, noi possiamo aspirare a costruire in secoli di teologie e filosofie. E' qualcosa di grande e bello, ma anche crudele e necessario. E' sentimento ed elevazione, ma anche meccanicismo e morte. E' certamente vita oltre tutto quello che comprendiamo, ma è indubbiamente anche perdita e soppressione del più debole. Però è anche pietà e carità, eppure non può evitare di generare dosi di individualismo. E' carezza e tortura. O forse è il superamento di tutto questo.

Perché ci hai dato una mente, Dio, se possiamo farci

tutte queste domande e molte altre, con il solo scopo di restare senza risposta? Per insegnarci l'umiltà di chi resta chiuso nel suo ascensore al livello che il caso ha voluto?

Perché, Dio, hai ritenuto che noi dovessimo ammalarci della nostra mente, del nostro pensiero, della nostra sensibilità? Perché ciò che ci eleva pare predisposto per distruggerci? Sembra un meccanismo lievemente perverso, eppure la chiave deve esistere poiché tutto in natura mira in fondo a bilanciarsi.

Studio da così tanti anni le culture Nativo Americane da non riuscire a immaginare che non esista un equilibrio, un continuum, un panteismo che cola dai nostri fili pendenti chiedendo solo di annodarli tra loro, di superare i dualismi conflittuali che contrappongono tra loro luci e ombre, per poter raggiungere l'armonia del Cerchio Sacro, perfetta accettazione dell'appartenenza ad un mondo che non esiste per sopraffarci e che noi non dobbiamo dominare.

Eppure… eppure così spesso ci sentiamo sopraffatti. Oggi ho in mente la mia amica, ho parlato anche al dottore di lei poco fa, mi hai sentito? Mi chiedevo… tu la ascolti? Eri con lei davanti all'armadietto dei medicinali oppure era sola?

So che Ti parla qualche volta ma non si aspetta più risposte da molto tempo. Quelle che ha ricevuto d'altronde nella vita non sono state così incoraggianti da smaniare dal desiderio di trovarne di nuove. Diciamo che Tu per lei sei un po' l'ultima spiaggia, come per molti uomini. Non Ti offendi se lo dico vero? Non voglio mancarTi di rispetto, sono solo sincera... quante persone dicono di non credere più in Te e poi, quando davvero sentono sul collo il fiato della perdita, del dolore, della paura, allora trovano conforto in una preghiera che sembra più una telefonata al pronto soccorso.

Non credo sia comunque così male essere l'ultima spiaggia di qualcuno: significa che questa persona è ricorsa a noi quando tutto il resto del mondo l'aveva delusa. Anch'io sono stata l'ultima spiaggia per questa mia amica. Non è da molto che condividiamo questioni così delicate. Fino a qualche tempo fa lei aveva un'altra confidente, una sua coetanea che conosceva dai tempi della scuola e con cui aveva condiviso anche circostanze lavorative complesse. Si trattava di una persona davvero importante nella sua vita, oserei dire più di una sorella perché sai, io sono figlia unica, ma l'idea che mi sono fatta guardandomi in giro è che i fratelli non siano sempre così legati come la storia vorrebbe farci credere.

Insomma, per farla breve, anche perché credo proprio che Tu questa vicenda la conosca già, un giorno la mia amica si è sentita candidamente dire da questa presunta "sorella adottiva" che l'unico modo per pensare a lei e poterla considerare una persona con cui confrontarsi, con cui mantenere un rapporto di amicizia, con cui dividere parte della vita, era fingere che non stesse male. La sua confidente di tutta una vita praticamente le aveva appena detto che non poteva pensare ai problemi di cui soffriva, altrimenti non sarebbe più riuscita a stare con lei, a valutarla per la persona che è. Anni di stima conquistata, di dimostrazione della propria integrità personale e della propria onestà intellettuale si sono schiantati su una vetrata infrangibile, sicuramente trasparente, ma invalicabile. La mia amica mi ha raccontato a posteriori, molto tempo dopo per la verità, quanto queste parole l'avessero ferita al punto da lasciarla inebetita a giustificare le frasi assurde che aveva appena ascoltato.

Non ci volle molto perché passasse l'intontimento e si rendesse conto che forse aveva appena sentito una delle offese più gravi: se stai male non vali più, mi dai fastidio, sei una presenza disturbatrice… eppure mi servi come confidente quindi ti userò lo stesso fingendo che il tuo dolore non esista. Tutta la sofferenza spiegata e giustificata con mille chiavi interpretative della sua anima erano ridotte a un buco nei pantaloni preferiti, da indossare ugualmente nascondendo bene il rammendo.

Quando mi ha raccontato questo episodio la mia amica aveva superato la botta, ma non la rabbia e l'indignazione. Io mi sono scandalizzata con lei, le ho detto che le ombre fanno parte di quello che siamo e se sono più scure probabilmente dipende dal fatto che la luce altrove è ancora più intensa dentro di noi. Forse i rammendi possono diventare ricami se impariamo, non dico ad amarli, ma per lo meno ad accettarli. E se abbiamo il coraggio di lasciare in mutande chi ci vuole come comodi pantaloni finché le nostre cuciture ormai quasi lacerate potranno valorizzare le forme delle loro natiche.

Aspetta... non sono sicura di poter parlare di mutande e di natiche con Dio. Posso? Davvero, lungi da me l'idea di essere impertinente. O forse, non so, lo sono da tutta la giornata?

A questo punto non ho niente da perdere... credo ti farò la domanda che mi preme. Dopotutto se è vero che sei ovunque e ti trovi anche dentro di me, suppongo che tu la conosca già.

Tu stai lassù... o laggiù... o forse intorno a noi... e ci ascolti. Sei un po' il nostro confidente. Anche tu credi, come l'amica della mia amica, che il nostro dolore sia qualcosa da spingere giù, in fondo, in un luogo nascosto?

Ti vergogni delle tue creature che hanno l'anima in disordine oppure le accogli come Dio di Misericordia che abbraccia gli afflitti, lenisce le mutilazioni fisiche, accarezza le malattie del corpo? In tanti trovano conforto nell'offrirti la propria sofferenza, ma dimmi, Dio, con quale intenzione viene accettato un simile dono? Forse nell'ottica di un'espiazione di ciò che siamo tutti noi.

Umani.

Se raccogli anche il dolore della mente e dell'anima, allora ti prego, spiegami in che modo la malattia mentale nei secoli è stata associata con le forze malvagie. Non possiede forse la stessa dignità di quella fisica?

Rivendicala con me, Dio. Rivendichiamo questa dignità. Perché siamo tutti matti quaggiù... ognuno a suo modo. Fa parte della natura umana che tu stesso hai deciso di plasmare. Ma forse se fossimo così normali, se per normali intendiamo razionali, non crederemmo neppure in Te. Magari pazzo è chi non crede in nulla. O forse pazzo lo diventa.

Noi siamo gente normalmente disordinata... più siamo disordinati e più sentiamo fiorire l'arte, le scienze, la magia dell'immagine, delle parole, del sentimento. Matto era chiamato Tuo figlio. Più siamo matti e più osiamo avvicinarci al tuono. Tu sei il tuono.

Quindi se ci definiscono matti, esattamente dove dovrebbe essere l'offesa?

5.

Ciao.

No, non pensavo di telefonarti. L'idea era di aspettare e poterti incontrare per parlare di persona ma la verità è che non ho resistito. Dovevo raccontarti oggi stesso quello che è successo. Adesso. Subito.

Ho parlato. Sì oggi ho parlato con qualcuno. Ho parlato anche di te, proprio come ti avevo promesso.

Nella tua storia ho riconosciuto frammenti della mia, riflessi di quella di persone che conosco e anche che non conosco. Sì, questa è stata la forza della parola: improvvisamente avevo la sensazione di portare con me tutti coloro che vivono in un angolo e si sentono soli.

Avevo davanti il tuo volto di amica e di donna, ma poco alla volta quel volto assumeva espressioni e fattezze che probabilmente non avevo mai conosciuto e ho avuto chiara l'impressione di camminare in testa a una larga schiera di compagni di solitudine, ciascuno con il suo dolore, ciascuno con le sue battaglie, ciascuno con le paure, le vittorie, le delusioni, gli errori, i traguardi e soprattutto ciascuno con i suoi silenzi. Ho avuto la sensazione che la mia voglia di parlare infrangesse anche i loro pudori e che piano piano si alzassero da quell'angolo in cui erano rintanati e si domandassero se in fondo non avessero alcun motivo per vergognarsi, alcun motivo per sentirsi così strani e soli.

Era come se, parola dopo parola, sentissi il loro sguardo intrecciarsi e il conforto della condivisione li rendesse orgogliosi di questa nuova battaglia.

In effetti, quando portiamo dentro qualcosa che in molti non comprendono o addirittura deformano e disprezzano, ciascuno di noi si trova davanti a due alternative: o sceglie di restare nel proprio cantuccio d'ombra, in silenzio, nascondendosi, oppure si dichiara per ciò che è, e solleva come una coppa i suoi traguardi, fossero anche solo di consapevolezza. Non sarebbe meraviglioso se tutti potessimo dare un senso al nostro percorso facendone una piccola personale missione di conoscenza, per uscire tutti dalla prigione dello stereotipo e dare voce a chi non sempre trova la forza di uscire allo scoperto con le proprie fragilità in vista, come fossero fianchi candidi il primo giorno di mare?

La prova costume dell'anima, gente come noi la fa ogni giorno, semplicemente facendosi vedere per quello che è. Oggi ho chiesto risposte ad altri ma in fondo credo di essermele date da sola e mi sono piaciute. Perché chi crede che le persone sensibili siano più fragili, forse ignora la resistenza del pettirosso, pieno di orgoglio e coraggio. Diverso dagli altri, questo sì, ma il fiore purpureo sul suo petto non è una ferita aperta e sanguinante, bensì il coraggio di portare il cuore esposto sulle piume, come una medaglia di verità.

Come diceva la meravigliosa Alda Merini: "La follia è saltare sul tappeto della ragione." Alla sua epoca i pettirossi finivano in luoghi bui e gelidi e si cercava di torturarne il canto sperando che sbiadisse anche il piumaggio. Non poteva accadere perché quel colore è impossibile da rimuovere, però alcuni uccelli persero i loro abiti, mentre altri, come la poetessa, seppero solo cantare più forte.

Oggi le cose sono cambiate, oggi si lasciano briciole sul davanzale della vita per i pettirossi. Ma siamo sicuri di volerci accontentare di questo? Di rapinare qualche mollica e poi fuggire, non visti, nell'inverno rigido?

Forse invece dovremmo restare, divorare il nostro pane, mostrare il nostro pancino pieno di sole e cantare fino a quando il gelo non sarà sciolto.

Sai, qualche notte fa ho fatto un sogno molto strano.

C'era un uomo affascinante e vagamente misterioso che mi ricordava in qualche modo un attore famoso che ho sempre visto incarnare creature malvagie e perfino soprannaturali. Non ricordo distintamente le immagini del mio piccolo incubo, ma so con certezza che quest'uomo rappresentava il male, compiva atti violenti, concentrava intorno alla propria aura un magnetismo oscuro che mi portò a chiedere: - Tu sei il diavolo? -

Quando pensavo di cadere nella rete di questo Oscuro Signore, mi accorsi che egli mi guardava con benevolenza, che mi si avvicinava con tenerezza, perfino con affetto e forse non mi avrebbe fatto del male. Allora inaspettatamente l'ho preso per mano ed egli mi ha guardato con riconoscenza, come se non avesse avuto bisogno di nient'altro. Dopo qualche attimo accarezzavo la sua testa sulla mia spalla e gli dicevo che tutto sarebbe andato bene, che non era colpa sua, mentre lui chiudeva gli occhi nella gratitudine di una redenzione.

I sogni sono strani vero? Poche immagini racchiudono significati profondi che solo noi, dall'interno, riusciamo a cogliere, un po' come se fossimo narratori onniscienti.

Nell'*Interpretazione dei Sogni* Freud chiamava questo processo di sovrapposizioni di immagini e sensazioni *Verdichtung*, ovvero condensazione, mentre definiva *Verschiebung*, spostamento, la traslazione di luoghi, oggetti ed identità in contesti diversi per schermarne il significato. Non ho quindi la pretesa di sapere esattamente cosa significasse il mio sogno, forse semplicemente qualche difficoltà di digestione della cena messicana, eppure posso osare una mia personale spiegazione. Il male, quello con la lettera minuscola, quello che non può definirsi esistenziale ma soltanto umano come ogni demone che abita qualsiasi individuo, talvolta va accettato, va consolato, va rassicurato. Più lo tratteremo con rabbia, più lo rigetteremo, più danni cercherà di fare utilizzando la nostra paura. Ma nel momento in cui noi saremo capaci di abbracciarlo e di liberarlo dalle sue colpe, ecco che noi saremo più forti di lui e in fondo capiremo che aveva solo bisogno di sentirsi stretta la mano.

Perché non bisogna aver paura delle parole, delle etichette, del dolore, del talento.

Non bisogna aver paura della paura. Non bisogna aver paura di prenderci per mano.

Non bisogna aver paura di sentirci strani o diversi, non bisogna aver paura delle ombre della mente perché saranno sempre e solo la proiezione di una luce.

Non bisogna aver paura dei farmaci e neppure aver paura di rigettarli.

Non bisogna aver paura dei medici e delle diagnosi, ma neppure di batterci per il diritto di essere persone anziché pazienti, perché di pazienza non ne abbiamo più.

Non bisogna aver paura di chiedere aiuto e di accettarlo, ma neanche di vederlo rifiutato o di trovare quello sbagliato: la scelta sta a noi.

Non bisogna aver paura dei mostri, non bisogna neppure credere alle fate.

Non bisogna aver paura di guardare chi sta male.

Non bisogna aver paura di morire ma soprattutto non bisogna aver paura di vivere. E' una medicina piena di effetti collaterali, la vita. Ma non bisogna avere paura, in questo caso, di dire: - Alzate le dosi.-

www.ingramcontent.com/pod-product-compliance
Lightning Source LLC
Chambersburg PA
CBHW050604280326
41933CB00011B/1975